AF586195

CONSIDERATIONS PHILOSOPHIQUES SUR LE SUCCÈS DE LA TRAGEDIE D'INÈS DE CASTRO.

DIALOGUE D'ANTINÈS & de PHILOMOTHUS.

ELOGE DE LA BROCHURE.

Il n'appartient qu'aux Ouvrages vraiement ſolides, & d'une ſouveraine beauté, d'être biens reçûs de tous les eſprits, & dans tous les ſiecles, ſans avoir d'autre Paſſeport que leur mérite. LA FONTAINE.

CONSIDERATIONS PHILOSOPHIQUES SUR LE SUCCÈS DE LA TRAGEDIE D'INÈS DE CASTRO,

AVEC LE DIALOGUE

D'ANTINÈS & de PHILOMOTHUS,

ET

Une Lettre écrite à un vieux Savant ; contenant l'Eloge de la Brochure.

Le prix est de vingt-trois sols.

A PARIS,
Chez la Veuve SAUGRAIN, à l'entrée du Quay de Gesvres, du côté du Pont au Change, au Paradis.

M. DCCXXIV.

Avec Approbation, & Privilege du Roy.

CONSIDERATIONS PHILOSOPHIQUES

SUR LE SUCCÈS DE LA TRAGEDIE

D'INÉS DE CASTRO.

'ADMIRATION renferme toûjours un deplaiſir ſecret ; Nous donnons des eloges à ceux qui ſe diſtinguent ; nous ne les aimons point, ils nous humilient. Nous cherchons un dédommagement dans l'eſperance de leur chûte. Si elle arrive, nous ſommes flattez ; il ſemble que nous gagnions la revanche d'une partie perduë ; nous voilà but à but. Effets naturels de l'orguëil humain, qui aime la ſuperiorité, qui la hait dans les autres, & qui met toute ſa moderation à être ſatisfait de l'égalité.

Il y a pluſieurs moyens de s'illuſtrer dans le Monde ; on ſe diſtingue par les Armes, par les grands Emplois, par les Richeſſes ; mais l'Homme de Lettres eſt dans le chemin le plus droit

& le plus sûr ; s'il parvient à la gloire, il s'immortalise lui seul & sans dépendre ; tandis que tout autre ne peut s'immortaliser que par son secours.

Il ne faut donc point s'étonner que sa gloire soit la plus enviée, & que pour se l'assurer, il ait tant d'obstacles à vaincre, & tant de combats à livrer.

Damis, Auteur de reputation, qui depuis vingt ans joüit de sa renommée, qui a cherché à se distinguer dans le Lyrique, dans l'Epique & dans le Tragique, vient enfin par une Tragedie brillante d'enlever tous les suffrages ; il est parvenu au plus haut point de la gloire poëtique ; il a émû la Cour & la Ville ; sa Piece a fait verser autant de larmes qu'*Andromaque* ; jamais la chaîne des representations ne fut plus longue, & le concours des Spectateurs plus vif & plus constant ; tout le Monde admire, on bat des mains sans se lasser ; les Poëtes applaudissent & pleurent ; le Parterre s'attendrit comme les Loges ; les Critiques même (car il faut qu'il y en ait) *ne critiquent qu'en pleurant.*

Que l'amour propre de Damis est flatté ! mais en même temps que le nôtre est maltraité ! Quand je dis le nôtre, je parle de ceux qui courrent la même cariere ; je parle de moi & de tous les gens qui se mêlent d'écrire, car je sçai qu'une infinité de personnes estime plus la haute naissance & la richesse, que toutes ces grandeurs, & tous ces honneurs literaires ;

c'est une fortune toute intellectuelle pour eux ; elle n'excite point leur jalousie ; ils regardent un excellent Poëte comme un excellent ouvrier ; ils lui donnent les mêmes loüanges qu'ils donneroient à Ricourt * ou à Hervé **.

Le succès prodigieux de cette Tragedie nous a donc humiliés ; nous l'avons admirée malgré nous ; nous l'avons loüée à regret, & je me suis même quelque fois surpris dans le desir injuste de la trouver defectueuse. Cent personnes comme moi, ont voulu s'imaginer qu'un ouvrage si éclatant avoit des défauts secrets. Mais quels défauts ? Nous ne pouvions les saisir ; nous ne faisions qu'entrevoir, étant dans un point de vûë trop éloigné.

Antistene prend un Telescope ; il prétend par ce secours voir mieux que les autres. *Spectateur* imprudent, il imprime une Critique prématurée qui lui fait un mediocre honneur, & qui lui prépare, de la part de celui qu'il attaque une Replique, dure & injurieuse.

Consolez-vous Messieurs les beaux esprits ; Damis ne veut point d'une réputation usurpée ; il est mortifié de l'embarras où il vous jette ; il va vous tirer de peine ; vous allez voir de près ce que vous avez admiré de loin, il veut vous mettre au pis ; critiquez à votre aise, il vous craint peu ; il se livre à vous ; vous le tenez ; il est imprimé.

Mais quel burlesque retour ! A peine Damis

* Fameux Tailleur.

** Fameux Perruquier.

eſt-il ſorti de deſſous la preſſe, à peine le tient-on, qu'on le ſiffle, qu'on le huë, qu'on le berne? Ce ne ſont plus ſeulement ſes confreres, gens du métier qui le rabaiſſent; c'eſt tout le Public devenu confus de ſes applaudiſſemens.

Il faut avoüer néanmoins que ce decri général eſt principalement dû à des reflexions malignes, publiées depuis peu ſous les titres de *Paradoxes* & *d'Anti-Paradoxes*. Les Auteurs de ces petits ouvrages, en ſe faiſant une guerre ſimulée, ſe ſont renvoyez la bâle, & cette bâle c'eſt le pauvre Damis. Ne ſeroit il point arrivé ici le contraire de la fable d'Amphitrion? Un ſeul Auteur, peut-être, en a voulu paroître deux.

Il y a des caracteres extrêmes, & des eſprits peu équitables, qui, pour quelques défauts répandus dans un ouvrage, le condamnent tout entier. *Damis*, quelque choſe qu'on diſe, eſt un Auteur eſtimable, & ſa Tragedie que l'on décrie aujourd'huy, a de grandes beautez. Examinons ſans jalouſie & ſans partialité, le mérite de cette piece; & revenons, s'il ſe peut, à notre premiere opinion: Mais ouvrons le rideau tout-à-fait. Il s'agit de M. D. L. M. & de ſa fameuſe Tragedie *d'Inés de Caſtro*.

Nous commençons par convenir qu'elle n'eſt point travaillée avec ſoin, quoique l'Auteur „ aſſure *que ſon reſpect pour le Public ne lui a* „ *pas permis de rien negliger*. La diction n'eſt point correcte, & le précepte de Deſpreaux ne fut jamais ſi peu obſervé.

Sur tout, qu'en vos écrits, la Langue réverée,
Dans vos plus grands excès, vous soit toûjours sacrée.
En vain vous me frapez d'un son mélodieux,
Si le terme est impropre ou le ton vicieux;
Mon esprit n'admet point un pompeux barbarisme,
Ni d'un vers ampoulé l'orgueilleux solecisme.
Sans la Langue, en un mot, l'Auteur le plus divin,
Est toûjours, quoiqu'il fasse, un méchant Ecrivain.

Il semble que ce grand Poëte ait ici prophetisé la versification d'Inés de Castro. *Termes impropres*, *tours vicieux*, *orguëilleux solecismes*, *pompeux barbarismes*, *vers ampoulés*, tout cela se trouve un peu joint à un Stile très-prosaïque dans l'ouvrage dont il s'agit; d'où l'on pourroit conclure en général, que selon Despreaux, *Damis* doit peut-être passer pour *un méchant Ecrivain*.

Ajoûtez à tout cela, que la plûpart des vers d'Inés sont sans harmonie, & que les pensées y sont fort souvent mal construites & isolées; C'est un tableau de main de Maître, mais qui n'est point fini; le Coloris y est absolument negligé, l'ordonnance n'est pas exempte de défauts.

Voilà le mauvais côté de l'ouvrage dont il s'agit. Est-il donc absolument méprisable? Non. Pourquoi? C'est que ces défauts sont rachettez. On peut decider que la Piece n'est point parfaite, mais non pas qu'elle soit mauvaise. Nous ne nous tromperons que mediocrement si nous jugeons d'Inés comme nous jugeons du Cid, dont les fautes sont en si grand nombre.

Voici les beautez *d'Inés* qui ſont telles à mon gré, qu'il n'y a point de défaut réel en elles qui les contrebalance; j'oſe ajoûter que quand elle auroit encore mille autres défauts qu'elle n'a point, elle ne laiſſeroit pas d'être eſtimable: ce ſont de ces ouvrages d'un goût rare, qui peuvent être en quelque ſorte impunément défectueux.

Rien n'eſt plus clair & plus naturel que l'expoſition du ſujet. Un enfant le concevroit ſans peine. Vous êtes au fait ſans preſque aucune attention; vous vous tranſportez ſans fatigue & ſans frais à la Cour de Portugal; le voyage eſt aiſé & prompt; vous y voyez auſſi-tôt un Roy Politique & abſolu, qui veut que ſon fils Epouſe la fille de la Reine; ce fils dont le cœur eſt engagé à Inés, refuſe obſtinément le mariage qu'on lui propoſe. Voilà tout le ſujet. Point d'équivoque, point de confuſion, point de recits ennuyeux qui ſuppoſent mille faits antérieurs, embarraſſez de circonſtances: Ce n'eſt point de ces Tragedies ténébreuſes & *Lycophrontiques*, telles qu'on en voit depuis quelques années ſur notre Théatre, dont le ſujet ſe dévelope à peine au troiſiéme Acte, & qui même finiſſent quelque fois avant qu'on les ait bien compriſes. La Tragedie d'Inés de Caſtro eſt comme une eau pure & tranſparante; c'eſt une glace fidéle qui vous repreſente tous les objets dès que vous approchez. Il faut convenir que ce mérite eſt rare, & qu'il n'a pas peu contribué au ſuccès de la piece.

Le précepte de Desſpreaux eſt ici merveilleuſement obſervé.

> Que dès les premiers vers, l'action preparée,
> Sans peine, du Sujet aplaniſſe l'entrée :
> Je me ris d'un Acteur, qui lent à s'exprimer,
> De ce qu'il veut d'abord, ne ſçait pas m'informer,
> Et qui debroüillant mal une pénible intrigue,
> D'un divertiſſement me fait une fatigue.

Cette *clarté* admirable prend ſa ſource dans la *ſimplicité* du Sujet, & dans le cours naturel des circonſtances qui forment le nœud. C'eſt une unité parfaite, rien de compoſé, rien d'étranger dans cette Tragedie ; les Epiſodes permis, qui ne bleſſent point l'unité, mais qui quelque fois l'enflent & l'obſcurciſſent, ne ſe trouvent pas même ici ; il n'y a pas une Scene qui n'aille à un ſeul point fixe par le chemin le plus droit & le plus ſimple.

Une piece de ce caractere ne ſçauroit languir ; auſſi eſt-elle *interreſſante* au dernier point ; c'eſt une continuelle gradation d'interêt ; on s'attache à Inés, on l'aime, on la plaint, on craint pour elle ; on s'attache auſſi à Conſtance ; on prend part à ſa diſgrace & au malheur qu'elle a d'être dédaignée. Dom Pedre, Prince courageux, amant fidéle, fils reſpectueux, jeune homme d'un beau naturel, ſe concilie l'affection des Spectateurs. *Alphonſe* ſe fait eſtimer comme un grand Roy, comme un Monarque plein de ſageſſe & de politique ; Son inflexibilité & ſa Juſtice ſont temperées par mille traits de bonté, & la tendresse paternelle triomphe à la fin de tous les autres sentimens. *La Reine* qui pousse trop loin son zéle pour l'établissement de sa fille, & qui prend le vrai caractere d'une Rivale vindicative & furieuse, que *Constance* n'a point; cette Reine qui hait & persecute Inés, & qui dit à Constance;

> Je sens pour vous l'affront que vous ne sentez pas,
> Et je voudrois payer sa mort, de mon trepas ....
> Je ne dis rien de plus; la fureur qui m'anime
> Vous laisse vos vertus, & se charge du crime.

Cette Reine dont le caractere est si dur, & qui paroît même un peu feroce, excite dans l'ame des Spectateurs, la haine, l'horreur & la crainte; c'est par elle qu'*Inés* est en danger dès le commencement de la Piece; le peril augmente à chaque Scene, selon cette regle.

> Que le trouble toûjours croissant de Scene en Scene,
> A son comble arrivé, se débroüille sans peine.

C'est sans peine aussi que le trouble de cette Tragedie se débroüille; le dénoüement est tiré de la Nature. C'est un Pere attendri à la vûë des Enfans de son fils; il ne peut plus tenir contre la voix du sang; la Politique fait place à la tendresse paternelle.

De plus, il n'y a dans cette Piece aucun caractere qui ne soit frapant. Constance aime Dom-Pedre de l'amour le plus pur & le plus parfait; c'est une vertu sans exemple, & qui excite l'admiration. Inés aime autrement, & toutes fois, son amour est également vertueux & éclairé; c'est malgré elle qu'elle a consenti a enfreindre la Loy, & elle a prevu toutes les consequences de sa démarche.

Voilà ces temps cruels, ces momens pleins d'horreur, *Acte 1. Scene 6.*
Qu'en vous donnant la main prévoïoit ma tendresse;
Le Roy vient d'arrêter l'hymen de la Princesse,
Il va vous demander pour elle cette foi
Qui n'est plus au pouvoir ni de vous ni de moi.

Amour génereux & heroïque! Elle s'est sacrifiée elle-même pour sauver les jours de son amant.

Vous le sçavez, l'espoir d'être un jour couronnée,
Ne m'a point fait chercher votre auguste hymenée; *Acte 1. Scene 6.*
Et quand j'ay violé la Loi de cet Etat,
Qui traitte un tel hymen de rebelle attentat;
Vous sçavez que pour vous, me chargeant de ce crime,
De vos seuls interêts je me fis la Victime:
Cent fois dans vos transports, & le fer à la main,
Je vous ai vû tout prêt à vous percer le sein;
Consommé tous les jours d'une affreuse tristesse
Accuser en mourant ma timide tendresse.
C'est à ce seul peril que mon cœur a cedé;
Il falloit vous sauver, & j'ai tout hazardé:
Je ne m'en repens pas; le Ciel que j'en atteste
Voit que si mon audace à moi seule est funeste,
Même sur l'échaffaut je cherirois l'honneur,
D'avoir jusqu'à ma mort fait tout votre bonheur.

Je ne m'en repens pas. Que ce ſentiment eſt naturel & tendre ! & que ce qui ſuit, exprime bien l'ardeur & la conſtance d'Inés ! Son amour eſt guidé par la raiſon, & tout vif qu'il eſt, il ſert de frein à la vivacité de Dom-Pedre. Inés reprime par ſa ſageſſe les impetueuſes ſaillies de ſon amant.

Ibid.

Ha ! cher Prince arrêtez ;
Je fremis de l'excès où vous vous emportez.

Et lorſque Dom Pedre a pris les armes pour délivrer ſa chere Inés dont la vie eſt en danger ; cette aimable fille plus attentive à la gloire & aux devoirs du Prince qu'elle aime, qu'à ſa propre ſûreté, dit à Dom Pedre ;

Acte 3. Scene 6.

Qu'avez vous fait, Prince, & faut-il vous voir,
Pour mes malheureux jours, trahir votre devoir ?
Quoi Dom Pedre, l'objet d'une flâme ſi belle,
N'eſt plus qu'un Fils ingrat, & qu'un Sujet rebelle !
Voilà donc tout le fruit d'un funeſte lien !
Votre crime aujourd'huy m'éclaire ſur le mien.

Mais voici le ſentiment le plus heroïque qui puiſſe entrer dans l'ame d'une amante.

Je ſouffrirai bien moins du deſtin qui m'accable
A vous perdre innocent, qu'à vous ſauver coupable.

Peut-on s'empêcher d'aimer une fille ſi vertueuſe ? & ne ſert-elle pas à intereſſer le Spectateur pour Dom-Pedre l'objet de ſon amour ? Mais le courage & la fidélité inebranlable de ce jeune Prince, ſont admirablement peints dans la réponse précise qu'il fait au Roy son Pere. Alphonse lui dit ;

Et sans plus me lasser de votre resistance,
Degagez ma parole en épousant Constance ;
En un mot, je le veux.

Acte 2. Scene 2.

Dom Pedre répond avec une fierté respectueuse.

Seigneur ce que je suis
Ne me permet aussi qu'un mot... Je ne le puis.

L'amour a fait prendre les armes à Dom-Pedre; le respect les lui fait mettre bas à la vûë de son Pere. Mais il entend qu'Alphonse peu touché de sa soumission, menace les jours d'Inés par ces paroles :

Tu devrois t'occuper d'autres soins,
Tu la servirois mieux en la défendant moins ;
Crains pour elle & pour toi.

Acte 3. Scene 8.

Aussi-tôt le respect cede à l'amour, & Dom Pedre répond ;

S'il faut qu'elle perisse,
Hâtez-vous donc, Seigneur, d'ordonner mon supplice ;
Songez, si vous n'usez d'une prompte rigueur,
Que tant que je respire, il lui reste un Vangeur.
Vainement vous croyez la revolte calmée,
Il ne faut qu'un instant pour la voir ralumée ;
Le Peuple, malgré vous, peut briser ma prison ;
Je ne connoîtrois plus ni devoir ni raison ;

Par des torrents de sang, s'il falloit les répandre ;
J'irois vanger Inés .....

Ne semble-t'il pas que c'est ce boüillant Achille, qu'Horace nous ordonne de peindre.

Impiger, iracundus, inexorabilis, acer,
Jura neget sibi nata, nihil non arroget armis.

Cependant, la Loi de son devoir se retrace bien-tôt à ses yeux ; Alphonse lui ordonne absolument d'épouser Constance.

Il faut aujourd'huy même épouser la Princesse ;
Et si vous refusez ce nœud trop attendu,
J'en mourrai de douleur ; mais vous êtes perdu.

Dom Pedre qui ne peut renoncer à Inés, & qui voit néanmoins que son Pere le menace de le faire perir s'il ne lui obéït, fait admirer ici son courage, sa fidélité & son respect.

Je ne crains point la mort ; & ce que n'a pû faire
L'amour & le respect que je porte à mon Pere,
Les supplices tous prêts ne peuvent m'y forcer :
Voilà mes sentimens, vous pouvez prononcer.

Il ajoûte, *j'ai merité la mort ;* Alphonse lui répond tendrement : *je t'offre encore la vie ; Que faut-il?* dit Dom Pedre ; *obéir*, dit le Roy. Le Fils replique : *elle m'est donc ravie ; je ne puis à ce prix joüir de vos bontez.*

Je serois trop long si je m'arrêtois sur tous les endroits admirables de la Tragedie d'*Inés de Castro* ; Je n'ai rapporté ici quelques morceaux de cet ouvrage, que pour faire un peu ſentir que le Public a eu raiſon d'être ſi touché dans les repreſentations. L'Auteur nous a conduit par l'incertitude, par l'eſperance, par la crainte, par la ſurpriſe juſques à la cataſtrophe ; C'eſt alors que tout le monde s'eſt attendri ; ceux qui n'ont point pleuré, ſe ſont fait violence pour contraindre leurs larmes, ou les ont couvertes d'un mauvais ris ; Perſonne ne s'eſt morfondu, tous ont eu le cœur ſerré. Qu'on diſe après cela que cette Tragedie eſt mediocre ; que l'intrigue eſt mépriſable ; que le dénoüement eſt pueril ; que toute la piece eſt mal écrite. Je répons à cela, qu'il faut donc qu'elle renferme des qualitez éminentes ; puiſque malgré tous ces défauts, elle a produit des effets auſſi ſenſibles, & qu'elle a eu le ſuccès des meilleures pieces de Corneille & de Racine.

Je ne condamne point les Critiques qu'on a faites de cette Tragedie ; elles ſont utiles au Public, & peuvent même le devenir à l'Auteur.

Au Cid perſecuté, Cinna doit ſa naiſſance.

Les Cenſeurs n'ont enviſagé que le côté défectueux, & ſe ſont bien donné de garde de faire remarquer le côté parfait ; ils ont fait leur métier ; mais je ſuis perſuadé que le Public ne retirera pas moins d'utilité de ces remarques où je n'apuye mon ſuffrage que ſur le ſien. A l'égard de l'Auteur d'Inés, je contribue autant qu'il eſt en mon pouvoir à le conſoler des *mauvais procedés*, & je l'excite à faire encore mieux dans la ſuite. S'il étoit d'un autre caractere, il ſeroit à craindre, peut-être, que tant de contradictions ne lui fiſſent perdre courage; » car les connoiſſeurs, dit la Bruyere, » ou ceux qui ſe croyent tels, ſe donnent » voix déliberative & decisive ſur les ſpecta» cles, ſe cantonnent, & ſe diviſent en des » partis contraires; ils decouragent les Poëtes » & les Muſiciens, retardent le progrès des » Sciences & des Arts, en leur ôtant le fruit » qu'ils pourroient tirer de l'émulation & de » la liberté qu'auroient pluſieurs excellens Maî» tres, de faire chacun dans leur genre, & ſelon » leur génie, de très-beaux ouvrages.

DIALOGUE

D'ANTINE'S ET DE PHILOMOTHUS.

ANTINE'S.

DEpuis que j'ai lû *les Paradoxes Literaires*, je ne puis plus lire *Inés de Castro*; elle me déplaît autant qu'elle m'a plû, j'ai même honte d'avoir admiré une piece si mauvaise.

PHILOMOTHUS.

Pourquoi l'avez-vous admirée ?

ANTINE'S.

Je l'ai vû representer vingt fois, & j'ai toûjours été émeu; elle m'a touché jusqu'au vif; j'y trouvois chaque fois un Pathetique nouveau; sa clarté & sa simplicité me charmoient; je me sentois interessé, mon attention étoit captivée, mes larmes n'étoient point libres.

PHILOMOTHUS.

Et vous trouvez à present une telle Piece mauvaise ?

ANTINE'S.

Je vois que j'ai été seduit. La critique m'a ouvert les yeux.

PHILOMOTHUS.

Dites plûtôt qu'elle vous a gâté l'esprit, & que vous étes maintenant dans l'erreur; croyez-vous qu'un ouvrage qui a fait ſur vous, comme ſur tant d'autres, les impreſſions que vous venez d'avoüer, ſoit un ouvrage mauvais. La Nature a donc été d'intelligence avec l'Auteur d'*Inés* pour vous tromper, puiſque c'eſt par elle qu'il vous a ſeduit. Si votre admiration eût été le fruit de vos ſubtiles ſpeculations; ſi vous n'aviez été émeu que par un ſcrupuleux examen de la conformité d'*Inés* avec les regles du Théatre, je vous pardonnerois de vous dedire de vos premiers ſuffrages; vous pourriez maintenant avoüer que vous vous êtes trompé; mais ſongez que c'eſt la Nature qui a decidé d'abord, & non la reflexion; vous avez été touché, comme homme, & vous voulez à preſent contredire l'humanité, comme connoiſſeur.

ANTINE'S.

J'ai admiré en ignorant, j'ai été Peuple, j'ai pleuré comme un enfant, à qui on raconte des hiſtoires tragiques quelque fois dépourvûës de ſens commun.

PHILOMOTHUS.

Il y a cette difference, que vous & moi nous avons du goût, de l'intelligence & de la raiſon. Nous n'avons pas pleuré à la Tragedie d'*Inés* en enfans, mais en hommes; ce qui amuſe l'enfance, ce qui lui fait verſer des larmes, peut nous ennuyer & nous ſembler ridicule; mais ce qui touche, ce qui ébranle, ce qui ſaiſit une multitude d'hommes raiſonnables, eſt neceſſairement conforme à la raiſon.

ANTINE'S.

ANTINE'S.

C'eſt cependant ma raiſon qui me dégoûte aujourdhuy de la Tragedie d'*Inés*, & qui déſavoüe cette admiration precipitée, dont mon imagination a été trop liberale.

PHILOMOTHUS.

Il y a en nous deux ſortes de raiſon; une raiſon naturelle & de ſentiment (ſi j'oſe m'exprimer ainſi) & une raiſon étudiée & de reflexion; celle-ci doit l'emporter ſur l'autre dans toutes les choſes qui regardent la Philoſophie, la Juriſprudence, la Politique & les hautes Sciences; mais dans les beaux Arts, dans la poëſie, & ſur tout dans le Dramatique, nous devons nous en tenir à la premiere qui n'eſt autre choſe que le goût; le raiſonnement reflechi eſt ici hors d'œuvre.

ANTINE'S.

Vous avoüez donc que, ſi l'on veut raiſonner philoſophiquement & avec méthode ſur la conſtruction de la Tragedie d'*Inés*, l'examiner de près, la ſecoüer, pour ainſi dire, & ſonder tous ſes replis, elle doit alors paroître très-défectueuſe.

PHILOMOTHUS.

Je pourrois vous l'accorder, ſans ceſſer pour cela d'être partiſan de la Piece. S'agit-il ici d'un Syſtême de Philoſophie, d'une queſtion de Droit, d'un écrit dont la verité eſt l'objet? Il s'agit de ſçavoir ſi la Tragedie d'*Inés* a plû, & vous n'en pouvez diſconvenir.

ANTINE'S.

Il s'agit aussi de sçavoir si elle a dû plaire.

PHILOMOTHUS.

C'est-à-dire qu'il faut examiner, si on a été touché regulierement, si on a été ému en bonne forme, si on a pleuré methodiquement, & conformément aux préceptes. Cet examen n'est-il pas superflu? Pour faire l'Apologie d'*Inés*, il n'est besoin que du fait. Elle a plû, donc elle a dû plaire. *La principale regle*, dit Racine dans la Preface de sa Berenice, *est de plaire & de toucher; toutes les autres ne sont faites que pour parvenir à cette premiere; je conjure mes Censeurs*, ajoûte-t'il, *d'avoir assez bonne opinion d'eux-mêmes, pour ne pas croire qu'une piece qui les touche, & qui leur donne du plaisir, puisse être absolument contre les regles.*

ANTINE'S.

Vous voyez que Racine ne veut pas convenir que sa *Berenice* soit absolument contre les regles; il ne se contente pas de dire qu'elle a plû & qu'elle a touché; il ajoûte qu'elle n'a produit cet effet, que parce que les regles du Théatre y sont observées: encore n'appuye-t'il cette conclusion que sur la *bonne opinion* que chacun doit avoir de soi-même. Ce raisonnement de Racine, comme vous voyez, n'est pas fort solide. Quoiqu'il en soit, il ne se prévaut point absolument de l'impression que Berenice a fait sur les Spectateurs, il veut encore que cette impression ait été reguliere & fondée en raiſon. Les défenſeurs d'Inés avoüent au contraire, que toutes les regles des mœurs & de la vraiſemblance ſont violées dans cette Tragedie: Ils n'ont d'autre argument que le ſuccès.

PHILOMOTHUS.

Cet argument eſt ſans replique.

ANTINE'S.

Je pourrois cependant repliquer par ce vers d'Ovide.

Careat ſucceſſibus opto
Quiſquis ab eventu facta probanda putat.

PHILOMOTHUS.

Je ſoûtiens que toute Tragedie qui réuſſit, a dû réuſſir.

ANTINE'S.

Il me ſemble que la verité de votre axiome ſuppoſe un autre verité qui n'eſt pas inconteſtable: C'eſt que tous les Spectateurs ont du goût, & qu'ils ſont incapables d'être éblouïs par un faux tragique; Les enfans d'Inés, par exemple, preſentez au Roy par leur mere, laquelle pouvoit employer ce moyen dès le commencement; ces enfans que le Roy devoit naturellement regarder comme des Bâtards, ou même comme des enfans ſuppoſés; ainſi que dit fort bien l'Auteur des Paradoxes: Ces enfans qui pourroient tout au plus ſervir au dénoüement d'une Comedie où il s'agit de peindre des mœurs bourgeoiſes, ont cependant fait verſer des larmes ridicules; car c'eſt un faux tragique, ou plûtôt un comique veritable; mais on ne reflêchit point sur la sottise de ce dénoüement; on est attendri, parce que notre *Roscius* sous le personnage d'Alphonse, s'émeut tout à coup à ce spectacle, & prononce de la maniere la plus tendre & la plus noble, ces deux excellens vers.

Allez chercher mon Fils; qu'il sçache qu'aujourd'huy
Son Pere lui fait grace, & qu'Inés est à lui.

PHILOMOTHUS.

Je ne vous nierai point que ce dénoüement pris en lui-même ne soit un peu foible, & même peu digne de la Tragedie; mais j'admire en cela le genie du Poëte, d'avoir sçû travestir si bien le comique en tragique, qu'on s'y est trompé, & qu'au lieu de rire, on a pleuré.

ANTINE'S.

Vous sçavez qu'il n'a pas semblé tragique à tout le monde. L'Auteur dit dans sa Preface, *que quelques Spectateurs ont douté s'ils devoient rire ou s'attendrir.* Le Comique s'est donc offert à l'esprit, on s'est rappellé alors sans doute, ces vers des plaideurs :

Venez famille desolée
Venez pauvres enfans qu'on veut rendre orphelins,
Venez faire parler vos esprits enfantins.
Oüi, Messieurs, vous voyez ici notre misere,
Nous sommes orphelins, rendez-nous notre Pere;
Notre Pere par qui nous fumes engendrez,
Notre Pere par qui nous . . . .

Et Dandin répond.

> Ouf; Je me sens déja pris de compassion,
> Ce que c'est, qu'à propos toucher la passion!

PHILOMOTHUS.

C'est-à-dire à votre compte, que tous ceux qui ont pleuré à la vûë des trois petits enfans d'Inés, ont été de vrays Dandins.

ANTINE'S.

Je ne veux pas le dire, car j'ai été moi-même *pris de compassion*, & j'ai sotement pleuré.

PHILOMOTHUS.

Si vous m'en croyez, vous jugerez avec moi de la cause par l'effet.

ANTINE'S.

Je n'admets point sans exception ce principe pour le Theatre; Je suis persuadé que nos Ancêtres ont beaucoup pleuré à la tragedie de Sainte Reine, sur tout au cinquiéme Acte où le Theatre devient un Echaffaut, & où le Boureau Evandre, un des grands Personnages de la Piece, dit à ses Valets.

> Lions-lui les deux mains & les pieds, de ces cordes.

Sainte Reine répond:

> Seigneur, souvenez-vous de vos misericordes.

Evandre continuë:

> La cuve est pleine d'eau, ça plongeons-la dedans;
> Elle lui fera pis que les brasiers ardens.

Nican empoignes-la, pouſſons-la, tout à l'heure,
Dans ce frais lavatoire, il faut qu'elle y meure.

Après ce ſupplice, on reconduit la Sainte Martyre en priſon, d'où Fulce vient bientôt après la retirer, en parlant ainſi au Geolier Enclaſtre :

Allons Enclaſtre, tôt, vîte, la Priſonniere
Qu'elle ſonge à ce coup à ſon heure derniere ;
Dépêchons, prends ces clefs afin de nous ouvrir.

ENCLASTRE.

Eſt-ce vrai qu'on la veut ce jour faire mourir ?

FULCE.

Oüi d'une étrange mort, terrible & très-cruelle.

ENCLASTRE.

C'eſt dommage de perdre une fille ſi belle.

FULCE.

Elle ſe perd ſoi-même : * il vouloit l'épouſer.

* *Olibrius.*

ENCLASTRE.

Elle a tort, de vouloir ce parti refuſer.

FULCE.

Montons-la promptement ; venez-ça, pauvre fille ;
Si vous paſſez ce jour, vous en paſſerez mille.
O Dieu, qu'elle réluit ! Que ſon viſage eſt beau !
Il eſt plus éclatant qu'un rayonnant flambeau :
Ses yeux ſont des Soleils, ô qu'elle eſt admirable !

Que ſon parler eſt doux & ſa taille agréable !

ENCLASTRE.

Il y a quelque ſort, & crois certainement
Qu'elle veut déployer ce qu'elle a de charmant
Pour échaper ſa vie.

SAINTE REINE.

O fols ! ô miſerables !
Si vous voyez en moi des choſes admirables ;
C'eſt un Ange du Ciel, qui, au point de minuit,
Par ſes divins, raïons ce miracle a produit ;
Je ne crains nullement votre cruel Olibre ;
Je lui veux reprocher d'un accent aſſez libre,
Qu'il manque de tourmens pour me perſecuter :
Car j'en puis plus ſouffrir qu'il n'en peut inventer.

Olibrius Prefet des Gaules & amoureux de Sainte Reine, laquelle deteſte les ardeurs de ſon amant, Olibrius paroît à la Scene quatriéme tout en colere, & dit ;

Mes Bourreaux tempeſtez, & fracaſſez de coups
Cette obſtinée ici qui me met en couroux ;
Depouillez ſes habits, dechirez ſa chemiſe,
Et au dur Chevalet, que nuë elle ſoit miſe :
Guindez-la bien ſerrée, & de ces feux ardens,
Brûlez lui les côtez, enſorte qu'au dedans
Elle ſente l'effort de cette peine dure,
Et ce que peut valoir une extrême torture.

EVANDRE.

Nican approche toi ? *La voilà dépoüillée.*

Attache cette corde, encor toute soüillée
De son sang purpurin, à ses pieds fermement;
Et nous verrons un peu si ce nouveau tourment
Peut, en quelque façon, ébranler sa constance.

NICAN.

Elle aura le cœur bon, ainsi comme je pense,
Si ces feux ne la font tantôt changer d'avis.

EVANDRE.

Les effets serviront plus que tous les devis.
Ça ça, voyons un peu, Fillette opiniâtre,
Si tu seras toûjours dans ton humeur folâtre.

Ici on brûle les côtez de Sainte Reine, qui pendant ce temps-là dit des choses fort touchantes.

Tyran que gagnes-tu? Ni ces feux, ni ces flâmmes
Ne me feront servir tes Idoles infames:
Aprés tout, pour avoir les deux côtez grillez,
Les yeux de mon esprit en sont mieux desillez.

En verité, pourriez-vous regarder tout cela comme un veritable tragique? Il ne faut pas douter néanmoins que cette Piece n'ait autrefois fait repandre bien des larmes; elle a été assez celebre pour le faire presumer. Vous voyez donc qu'il n'est pas bien sûr, de juger du mérite d'une Tragedie par les effets qu'elle produit; des choses ridicules peuvent faire pleurer.

PHILOMOTHUS.

Les gens ſenſez ne pleureroient pas aujourd'huy à votre Tragedie de Sainte Reine ; ils ſeroient plûtôt tentez de rire.

ANTINE'S.

Et bien, prenons une Piece plus moderne. Que penſez-vous d'une certaine Tragedie intitulée *Habis* ? L'avez-vous vûë repreſenter ?

PHILOMOTHUS.

Non; mais je l'ay lûë, & elle m'a paru très-peu de choſe.

ANTINE'S.

Et moi je l'ay vûë autrefois repreſenter ; elle fut fort ſuivie, on la trouvoit excellente.

PHILOMOTHUS.

Je ne le puis croire ; vous m'alleguez un fait que vous ſouffrirez que je revoque en doute.

ANTINE'S.

Jettez les yeux ſur la Preface de cette Tragedie, qui eſt imprimée, & vous verrez ſi je vous impoſe. L'Auteur Feminin de cette Piece ne parle que de ſon ſuccès, & de *l'honneur ſingulier qu'on a fait à ſa Tragedie dans les repreſentations*. Vous croiriez que c'eſt une Preface de l'Auteur d'Inés ; il n'eſt pas à préſumer qu'une Dame, qui a d'ailleurs acquis de la reputation par d'autres ouvrages, ait voulu ſe prévaloir d'un fait notoirement faux. Avoüez donc de bonne foi, qu'il y a quelquefois de mauvaiſes tragedies, qui paroiſſent belles ſur le Theatre, & dont on ne voit bien les défauts qu'à l'Impression ; elles ressemblent à ces Vers luisans qui cessent de briller quand vous les touchez.

PHILOMOTHUS.

Une Tragedie est faite pour être representée ; si elle plaît alors, elle a rempli sa destination ; tantpis pour leurs Auteurs, s'ils s'avisent de faire voir de trop près, ce qui ne doit être vû qu'en perspective. Je suis resolu de ne plus lire desormais de tragedies nouvelles ; je me contenterai de les voir representer. Je ne veux pas que de critiques reflexions me fassent repentir de mes premiers applaudissemens. Mais laissons-là le succès passé de la representation d'Inés, & ne nous arrêtons qu'à son mérite réel. Pouvez-vous nier que cette Piece ne soit d'une clarté & d'une simplicité admirable ?

ANTINE'S.

J'avoüe qu'elle a ces deux qualitez au souverain degré.

PHILOMOTHUS.

Vous devez aussi m'avoüer qu'elle est très-interessante ; je n'apporte point pour preuve, l'impression génerale qu'elle a fait sur le Public, parce que vous rejettez cette preuve ; je vous invite seulement à vous rappeller le sujet, les situations, les maximes de cette tragedie, la tendresse aimable & vertueuse d'Inés, la constance & le beau naturel de Dom Pedre, la sagesse politique d'Alphonse, &c.

ANTINE'S.

Je ne puis m'empêcher de convenir de ces beautez, & je crois aussi que l'Auteur des Paradoxes en conviendroit.

PHILOMOTHUS.

Puisque vous êtes de si bonne foi, je conviendrai aussi avec vous d'une bonne partie de tous les défauts reprochez dans les Paradoxes ; mais cet aveu ne m'empêchera point de dire toûjours, que la Tragedie d'Inés de Castro est un bel ouvrage.

ANTINE'S.

Nos sentimens ne sont pas extrêmement éloignez ; je crois que notre entretien nous a un peu convertis l'un & l'autre.

LETTRE A UN VIEUX SCAVANT,

Contenant l'Eloge de la Brochure.

VOUS êtes surpris, Monsieur, que les Brochures soient aujourd'huy si fort à la mode. Autrefois, dites-vous, on ne voyoit point de pareilles bagatelles attirer les yeux du Public; à peine regardoit on l'auteur d'un *in douze*; il falloit au moins un *in quarto* pour faire parler de soi; bâtir un *in folio*, n'étoit qu'un jeu & un passe-temps, & pour peu qu'on fût laborieux, on en donnoit fort bien trois ou quatre sans se gêner. Mais tous les Auteurs d'aujourd'huy sont des paresseux & de vrais *Apedeutes*.* Je vous accorde tout ce qu'il vous plaira, Monsieur; mais dites-moi, je vous prie, s'il vaut mieux écrire beaucoup & mal, que d'écrire peu & bien; dites-moi encore, si un petit livre qui est lû de tout le monde, n'est pas preferable à un gros livre qui n'est lû de personne, & qui en naissant est condamné au magazin, ou au moins à être

* Ignorans.

l'éternel & immobile ornement de quelque Bibliotheque Monacale. Un livre épais, à moins qu'il ne contienne des choses de fait, ou de droit positif, est aujourd'huy très-suspect : & selon le Pere Malebranche, il le doit toûjours être. Un gros volume ne ressemble-t'il pas un peu à ces hommes extraordinairement grands & gros, qui rarement ont de l'esprit ? Vous sçavez qu'on en rapporte une raison phisique ; mais pour preuve de ce que j'avance, faites reflexion, je vous prie, que malgré cette paresse & cette ignorance que vous nous reprochez, nous ne laissons pas de produire encore, de temps en temps, quelque *in folio*, & même quelques ouvrages d'une très-longue haleine. Or les Auteurs de ces grands livres en ont donné quelquefois au Public de petits. Quelle difference ! Tel Auteur, par exemple, avoit toûjours passé pour écrire purement & ingenieusement, tant qu'il s'étoit borné à l'*in douze* ; la maladie de l'*in folio* ou de l'*in quarto* multiplié l'a pris ; ce n'est plus le même écrivain ; c'est un historien pedant & didactique, rempli de reflexions basses & triviales, & de façons de parler bourgeoises & peu correctes. Vous m'entendez. Souvenez-vous ici de cet axiome ancien : *Un grand livre est souvent un grand mal.* Ainsi, Monsieur, ce n'est point sur la grosseur du volume qu'il faut regler le mérite & la valeur d'un ouvrage. Voudriez-vous qu'on prisât les livres au pouce, comme on fait les glaces ? Il faudroit dire alors, tel livre est estimable; il a quinze pouces de hauteur sur neuf de largeur.

Ce petit raisonnement preliminaire me conduit insensiblement à l'Apologie des Brochures dont vous censurez la mode. Premierement, la Brochure est par rapport à l'*in douze* à peu près ce que l'*indouze* est à l'égard de l'*infolio*; d'où je conclus mathematiquement que la Brochure doit l'emporter autant sur l'*indouze*, que l'*indouze* l'emporte sur l'*infolio*; mais comme on pourroit attaquer ma conclusion, qui suppose des propositions intermediaires assez douteuses, je vais, s'il vous plaît, raisonner autrement. Combien de gens n'ont jamais pû gagner sur eux-mêmes de lire entierement, & jusqu'à la fin, un livre d'une grosseur mediocre? Les Lecteurs qui achevent un livre, ne sont pas en aussi grand nombre que vous pourriez le penser. La plûpart de ceux qui lisent aujourd'huy, le font par amusement ou par vanité, & sans aucun dessein de se rendre vrayment sçavans; notre esprit d'ailleurs se plaît dans la diversité: on aime mieux lire imparfaitement plusieurs ouvrages, que de se borner à en lire un petit nombre entierement, & avec une application constante. Un *in douze* est tous les jours congedié sans ceremonie, & sans qu'on lui fasse l'honneur de lui donner audience jusqu'au bout. Or une Brochure un peu spirituelle n'a point cet affront à essuyer; il faudroit être bien volage & bien leger pour ne pas achever de lire trois ou quatre feüilles. Si notre Spectateur, par exemple, étoit composé de huit ou dix feüilles chaque mois, je gage que personne ne le liroit jusqu'au bout; mais parce qu'il se montre en détail & feüille à feüille: il trouve le secret admirable de se faire lire malgré ses subtilitez obscures, & sa methaphisique impénetrable. Autre exemple. Ces Brochures ingenieuses que M. D. L. M. fit paroître autre fois au sujet de sa querelle avec M^e^. D. elles se firent lire de tout le monde, tandis que les deux gros volumes de l'Abbé T. quoi qu'écrits avec beaucoup d'esprit, & pleins d'une agreable erudition, demeurerent au rebut, & sont encore aujourd'huy presque ignorez. Voyez quelques-unes de ces bagatelles qu'on a publiées depuis peu au sujet de la tragedie *d'Inés de Castro*, tout le monde veut les voir, on les lit avec plaisir parce qu'elles amusent sans lasser; il faudroit être un peu stupide pour s'y ennuyer: Je sçai que quelques-uns ont dit que la lecture des Anti-paradoxes leur avoit causé de l'ennuy, quoique très-courts; mais c'est qu'ils ignoroient qu'un grand genie de ce siecle, Auteur celebre, avoit prédit d'abord qu'ils parurent, *qu'un sot ne les liroit jamais avec plaisir*. Certainement s'ils avoient sçû la prediction, ils se seroient bien gardez de l'accomplir. Quoiqu'il en soit, je conclus que la Brochure est un genre de livre très-sortable & très-commode pour la legereté & l'indolence de la plus grande partie du public,

J'ajoûte qu'elle eſt encore plus commode aux Auteurs. Compoſer un *in folio*, cela fait trembler ; entreprendre un *in quarto*, c'eſt encore un opera ; l'*in octavo* & l'*in douze* demandent preſque des années. Une Brochure eſt tout au plus l'ouvrage d'une ſemaine.

N'eſt-il pas vrai, Monſieur, que l'Auteur d'une Brochure eſt réellement auteur, comme celui qui met au jour un *in folio*. Il eſt vrai qu'il tient un rang un peu ſubalterne ; il reſſemble à ceux qui revétus de certaines charges un peu minces & de peu de valeur, ont néanmoins l'honneur de porter la ſublime qualité de Conſeillers du Roy. L'Auteur d'une Brochure peut donc dire, je ſuis Auteur, & ce titre ne m'a preſque rien coûté ; mon écrit eſt l'ouvrage d'un ſoir ; il fut trouvé le lendemain matin ſur mon Bureau comme un champignon ; il ne m'a point fallu pâlir ſur les livres, méditer profondement, préparer de longue main un penible amas de connoiſſances, faire des études ſolides, renoncer au commerce du monde, ou porter dans les compagnies un certain air diſtrait & ſombre, ordinaire aux Auteurs de profeſſion. Me voilà Auteur, en badinant, & je garde toute mon incapacité ; je me livre chaque jour à tous les plaiſirs des ignorans. Vous m'avoüerez, Monſieur, qu'il eſt bien agreable d'être Auteur de cette façon ; cela eſt ſi doux que je m'étonne que tout le monde ne s'en mêle pas. On eſt ſurpris de tant d'écrits pour & contre, qui

viennent

viennent de paroître ſur une ſeule Tragedie; & moi je ſuis étonné qu'il n'en ait pas paru davantage. *Reflexions faites par Mr......* *Réponſe à Mr.... Lettre d'un Gentilhomme de Province, Sentimens d'un Spectateur François, Paradoxes, Anti-Paradoxes, Réponſe aux Paradoxes, &c.* ces petits écrits ont dû ſi peu coûter à leurs Auteurs, qu'il étoit naturel qu'il en parût une abondance exceſſive. Au reſte je m'attends qu'à la premiere Tragedie qui aura du ſuccès, le Public ſera innondé de trois ou quatre cens Brochures; ce n'eſt pas trop, vû la commodité jointe à la demangeaiſon. Je conviens néanmoins que le Public met quelque diſtinction entre ces petits ouvrages; en quelques-uns on reconnoît de l'eſprit, du goût & du talent; & en quelques autres, on ne trouve qu'une inſipide *Battologie.*

Il faut avoüer cependant que le plus grand avantage de la Brochure eſt pour les Libraires. Permettez-moi d'entrer ici dans un petit détail de Librairie. Si un Libraire entreprend l'impreſſion d'un *in folio*, il faut qu'il avance quelque fois plus de dix mille francs pour les frais de l'impreſſion; encore court-il le riſque de s'y ruiner, comme il eſt bien ſouvent arrivé, avant que les Souſcriptions fuſſent à la mode: les autres livres à proportion ont le même inconvenient. Un *in douze* un peu complet revient à 12 ou 15 cens livres, en comprenant l'honnête retribution qui de droit naturel & divin appartient aux Auteurs: Or, ce déſavanrage, cette dépense, ce risque ne se rencontrent point dans l'impression des Brochures; vingt pistoles de frais, tout au plus, font l'affaire; & si ce n'est qu'une feüille, c'est beaucoup moins de dépense encore. Les Auteurs des Brochures ne pretendent point à des profits considerables; les Libraires en ont bon marché.

Cependant les Brochures rapportent assez au Libraire à proportion de ses mediocres avances; ses frais sont infailliblement remboursez, ou plûtôt c'est pour lui un profit certain. Il n'est pas bien considerable ce profit, je l'avoüe, & à l'aide des Brochures jamais un Libraire ne s'enrichira. Ce n'est point par cette voye qu'on obtient le Cordon bleu de la Librairie, c'est plûtôt en imprimant les fameuses Editions des P. P. Benedictins, les Dictionnaires de Moreri & de Trevoux, &c. Cependant les, petits profits ne sont point à negliger, pour les Libraires comme pour les autres Commerçans; les Brochures nouvelles font venir chez eux mille gens qui ne regarderoient pas leurs Boutiques, s'il n'y avoit que des assortimens de consequence; à l'occasion de ces bagatelles ils font des montres. Voilà, Monsieur, disent-ils, un bon livre nouveau. J'ay un Boileau de Hollande *in folio*; voulez-vous le voir? Regardez ces gravures de Picart, elles sont magnifiques. Combien cela coûte-t'il? Cinquante écus. Ah Dieu cinquante écus un Boileau! C'est acheter bien cher une demi rame de papier & une douzaine d'estampes. Qu'avez-vous encore de beau ? Un Rouſſeau de Londres. Je n'en veux point ; on dit qu'on a retranché dans cette Edition pluſieurs jolies pieces, & qu'on en a ſubſtitué de mediocres. Monſieur le voici ; regardez la belle impreſſion ? Ma foi les Anglois impriment bien ; allons, mettez dans mon caroſſe le Boileau & le Rouſſeau ; ces belles Editions feront honneur à mon cabinet. Voilà, Monſieur, comme les Brochures occaſionnent la vente des livres importans, & font gagner les Libraires ; mais c'eſt bien autre choſe encore, ſi la femme du Libraire eſt jolie & aimable, & ſi elle a des manieres engageantes ; c'eſt alors que la Brochure fait tout ſon effet : car on a toûjours remarqué qu'une jolie Marchande embellit la marchandiſe, & fait venir l'envie d'acheter ; ainſi conſeillerois-je toûjours aux Marchands d'épouſer de jolies perſonnes, ou au moins de faire de belles filles ; c'eſt un revenu bien fondé.

Pour revenir à la Brochure, il faut neceſſairement que vous conveniez de ſon utilité, de quelque côté que vous l'enviſagiez. J'allai dernierement vers l'heure de midi chez une perſonne de la premiere diſtinction, qui aime les belles Lettres, & ceux auſſi qui les cultivent. Les Anti-Paradoxes venoient de paroître, on ne le ſçavoit pas dans cette maiſon, & l'on en ignoroit parfaitement l'Auteur, qui ailleurs étoit un peu ſoupçonné. J'en parlai aſſez ſuperficiellement, comme d'une petite nouvelle literaire ; on me fit voir alors beaucoup d'empressement pour lire cette Brochure : on étoit persuadé sur la foi du titre, qu'elle devoit être agreable : je me sçavois mauvais gré, ou plûtôt j'enrageois de ne l'avoir point dans ma poche, pour en regaler des personnes à qui j'avois interêt de plaire : on avoit déja commencé à me regaler moi même de quelques reproches sur ma negligence, lorsqu'un Valet de Chambre annonça M***, c'est un homme d'esprit & qui a assez de literature ; je vous apporte, dit-il en entrant, un fruit nouveau, les Anti-Paradoxes. Il fut loüé, remercié, gracieusé. On dîna, & au sortir de Table, on passa dans un cabinet, où la Brochure nouvelle fut luë par celui qui l'avoit apportée, & écoutée avec beaucoup d'attention & de plaisir ; on rit beaucoup des loüanges données à l'Auteur d'*Inés* ; on compara les *Anti-Paradoxes* au Roy appellé au jeu du Quadrille ; Il y eut des Dames qui dirent sur cela mille jolies choses ; pour moi je fus très peu gracieusé ce jour là, & l'homme aux *Anti-Paradoxes* m'effaça entierement. Jugez par là, Monsieur, de ce que valent les Brochures. Si cet homme eust apporté un *in folio* sous son bras, auroit-il eu le même succès ? On auroit appellé bien vîte un Laquais pour le soulager, & le grand livre seroit allé dans l'antichambre. Vous allez vous écrier ici, Monsieur, *ô tempora ! ô mores !* Je vous avoüe que c'est là une grande depravation de goust ; mais que faire? les ſept tomes *in folio* que vous allez mettre au jour ſur la deſcription des *ſept merveilles du Monde*, pourront peut-être guerir le Public de ſon amour pour les petits ouvrages, & feront ſans doute plus d'effet que les dix tomes du P. Monfaucon, dont les compilations ne ſont pas auſſi eſtimées, que les belles eſtampes dont ils ſont remplis, ſembloient le promettre à l'Auteur.

Permettez-moi de placer encore ici une reflexion, dont vous ferez peut-être peu de cas. Les Brochures ne produiſent jamais de mal réel, au lieu que les gros livres ſont quelquefois très-funeſtes. Oſerai-je vous citer un endroit du *Lutrin*; c'eſt le combat ſur les degrès du Palais; on y voit les *tômes épouventables* voler de part & d'autre; & porter des coups très-dangereux. Si les combatans n'avoient trouvé dans la boutique de Barbin, que de petits *in douze* avec des Brochures, le combat n'auroit pas été ſi ſanglant, ou pluſtôt il n'y en auroit point eu. Prenons la choſe dans le ſens moral. Une Brochure ſatirique eſt une pluye d'Eſté, elle paſſe vîte; c'eſt une piece fugitive, qui bientôt eſt oubliée; elle ne cauſe à ceux qu'elle attaque qu'une petite mortification paſſagere, au lieu qu'un gros livre dans la forme *Satyrico-polemique* (ce grand mot ne vous deplaira pas) paſſe à la poſterité, & cauſe ſouvent une playe incurable & éternelle. Voilà encore un avantage que la Brochure a ſur les gros livres, du côté de la charité chrêtienne.

J'aurois encore mille choses à vous dire sur ce sujet : mais si je les disois, je craindrois de me contredire ; car je ne sçai si vous en seriez quitte pour un gros volume. Il seroit bien plaisant que *l'éloge d'une Brochure* fist la matiere d'un livre *in folio*. Adieu, Monsieur, j'ay l'honneur d'être, &c.

FIN.

APPROBATION.

J'Ay lû par ordre de Monſeigneur le Garde de Sceaux, un Manuſcrit qui a pour titre, *Conſiderations Philoſophiques ſur le ſuccès de la Tragedie d'Inès de Caſtro, avec un Dialogue, &c.* j'ai cru que l'impreſſion en pouvoit être permiſe. Fait à Paris ce 23 Octobre 1723, DANCHET.

PRIVILEGE.

LOUIS, PAR LA GRACE DE DIEU, ROY DE FRANCE ET DE NAVARRE: A nos Amez & Feaux Conſeillers les Gens tenans nos Cours de Parlement, Maîtres des Requêtes ordinaires de notre Hôtel, Grand Conſeil, Prevôt de Paris, Baillifs Sénéchaux, leurs Lieutenans Civils & autres nos Juſticiers qu'il appartiendra, Salut: Notre bien amé *** Nous ayant fait ſupplier de lui accorder nos Lettres de permiſſion pour l'impreſſion d'un livre intitulé, *Conſiderations Philoſophiques ſur le ſuccès de la Tragedie d'Inès de Caſtro, &c...* Nous avons permis & permettons par ces Preſentes audit

***, d'imprimer ou faire imprimer ledit Livre en tels volumes, forme, marge, caractere, conjointement ou separément, & autant de fois que bon lui semblera, & de le vendre, faire vendre & debiter par tout notre Royaume pendant le temps de trois années consecutives, à compter du jour de la datte desdites Presentes. Faisons défenses à tous Imprimeurs, Libraires & autres personnes, de quelque qualité & condition quelles soient, d'en introduire d'impression étrangere dans aucun lieu de notre obéïssance; à la charge que ces Presentes seront enregistrées tout au long sur le Registre de la Communauté des Libraires & Imprimeurs de Paris, & ce, dans trois mois de la datte d'icelles; que l'impression de ce Livre sera faite dans notre Royaume & non ailleurs, en bon papier & en beaux caractetes, conformément aux Reglemens de la Librairie; Et qu'avant que de l'exposer en vente, le Manuscrit ou Imprimé qui aura servi de copie à l'impression dudit livre sera remis dans le même état où l'approbation y aura été donnée, ès mains de notre très-cher & feal Chevalier, Garde des Sceaux de France, le Sieur FLEURIAU D'ARMENONVILLE, & qu'il en sera ensuite remis deux Exemplaires dans notre Bibliotheque publique, un dans celle de notre Château du Louvre, & un dans celle de notredit très-cher & feal Chevalier, Garde des Sceaux de France, le Sieur FLEURIAU D'ARMENONVILLE, le tout à peine de nullité des Presentes; Du contenu desquelles Vous mandons & enjoignons de faire joüir l'Exposant ou ses ayans cause pleinement & paisiblement, sans souffrir qu'il leur soit fait aucun trouble ou empêchemens. Voulons qu'à la copie desdites Presentes qui sera imprimée tout au long au commencement ou à la fin dudit Livre, foi soit ajoûtée comme à l'original; Commandons au premier notre Huissier ou Sergent, de faire pour l'execution d'icelles tous actes requis & necessaires, sans demander autre permission, & nonobstant clameur de Haro, Charte Normande & Lettres à ce contraires; Car tel est notre plaisir. Donné à Paris le vingt-neuf jour du mois d'Octobre, l'an de grace mil sept cens vingt-trois, & de notre Regne le neuviéme. Par le Roy en son Conseil. DE LAVERGNE.

Registré sur le Registre V. de la Communauté des Libraires & Imprimeurs de Paris, page 392. N° 687. conformément aux Reglemens, & notamment à l'Arrêt du Conseil du 13. Août 1703. A Paris le 22. Novembre 1723. BALLARD, Syndic.

CATALOGUE

DES BROCHURES NOUVELLES

Imprimées à l'occasion

D'INÈS DE CASTRO.

Inés de Castro, Tragedie de Monsieur de la Motte.	1 liv. 5 sols.
Sentimens d'un Spectateur.	10 ſ.
Réponse à l'Auteur desdits Sentimens.	10 ſ.
Reflexions sur lesdits sentimens.	8 ſ.
Agnés de Chaillot, Comedie.	1 l. 5 ſ.
Lettre d'un Gentilhomme de Province.	8 ſ.
Paradoxes Literaires.	1 l. 3 ſ.
Anti-Paradoxes, ou Refutation des Paradoxes Literaires.	12 ſ.
Le Secretaire du Parnasse.	1 l. 3 ſ.
Lettre à Monsieur de la Motthe.	12 ſ.
Réponse à l'Auteur des Paradoxes	1 l. 3 ſ.
Considerations Philosophiques sur le succès de la Tragedie d'Inès de Castro; avec le Dialogue d'Antinès & de Philomothus; & une Lettre écrite à un vieux Savant, contenant l'Eloge de la Brochure.	1 l. 3 ſ.

Examen d'Inès, & des Pieces auſquelles elle a donné occaſion. 1 l. 10 ſ.

Hiſtoire de Dom-Juan, fils de Dom-Pedre & d'Inès de Caſtro. 1 l. 10 ſ.

De l'Imprimerie de PIERRE PRAULT, ruë Saint Jacques, vis à vis la ruë de la Parcheminerie. 1723.

www.ingramcontent.com/pod-product-compliance
Lightning Source LLC
LaVergne TN
LVHW012012160826
845678LV00002B/782

* 9 7 8 2 3 2 9 6 6 1 0 1 8 *